# Frisst nicht – gibt’s nicht

Ingeborg Pils

Alle in diesem Buch vorgestellten Rezepte wurden unter tierärztlichem Rat sorgfältig zusammengestellt und an verschiedenen Hunden erprobt. Dennoch ist nicht vollständig auszuschließen, dass es zu individuellen Unverträglichkeiten in Einzelfällen kommen kann. Der Verlag und die Autorin können dafür keine Haftung übernehmen.


Queen Street House
4 Queen Street
Bath BA1 1 HE, UK

**Producing:** ditter.projektagentur Gmbh
**Projektkoordination:** Michael Ditter
**Foodfotografie:** Jo Kirchherr
**Foodstyling:** Rafael Pranschke
**Hundefotos:** Irmgard Elsner, Felix Sodomann (S. 1)
**Illustrationen:** Kyra Stempell
**Design:** Sabine Vonderstein
**Lithografie:** Klaussner Medien Service GmbH



ISBN: 978-1-4054-8586-9

Printed in China

# Inhalt

# Vorwort

Kochen für den Hund?! Wer bei diesem Gedanken ungläubig die Stirn runzelt, der hat noch nie in die erwartungsfrohen Augen eines Hundes geblickt, der bemerkt, dass sein Mensch gerade den Weg Richtung Küche einschlägt. Natürlich gibt es genügend Fertigfutter für Vierbeiner – Dosen mit vielerlei Geschmacksrichtungen und noch mehr Inhaltsstoffen, Bio-Trockenfutter aus ökologischen Grundzutaten, von Tierärzten empfohlene Nahrung aus Europa und Übersee und auch mancherlei Unsinn in menschengerechter Verpackung. Aber: Tag ein, Tag aus das gleiche Futter, der gleiche Geschmack – das klingt wirklich nach Hundeleben.

Wer seine Wohnung und seinen Alltag mit einem Hund teilt – und gerne kocht – wird irgendwann der Versuchung nicht mehr widerstehen können, für das fellige Familienmitglied auch einmal den Kochlöffel zu schwingen. Sei es, weil Reis oder Nudeln übrig geblieben sind, weil Fleischabschnitte zu schade für den Mülleimer scheinen oder weil Sammy, Susi oder Strolch einfach einmal eine Belohnung und eine Abwechslung vom Futteralltag verdient haben.

Eigentlich ist es ganz einfach: Hunde mögen vieles, was wir auch essen. Einiges ist tabu: verarbeitete Lebensmittel mit chemischen Zusätzen, scharfe Gewürze, Fett, Salz, Zucker und Schokolade gehören nicht in den

Hundenapf. Dafür Gemüse, frische Kräuter, mageres Fleisch, Fisch, hochwertige Pflanzenöle, Joghurt und andere Milchprodukte. Vieles, was für uns gesund ist, macht auch Hunde froh und fit.

Die Rezepte sind einfach nachzukochen und von einem Hunderudel – vom Dackel bis zum Dalmatiner – mit viel Begeisterung und großem Appetit erprobt. Wir haben keine Portionen angegeben, denn die Futtermenge hängt von der Größe, dem Alter und der Bewegungsfreude Ihres Hundes ab. Flotte Flitzer brauchen mehr Nahrung als schmusige Sofasitzer.

Kochen für den Hund macht allen Spaß. Versuchen Sie es doch einfach einmal. Vielleicht werden Sie dann das gleiche Glücksgefühl erleben wie ich, wenn mich meine Mischlingshündin Janna nach dem Vertilgen ihrer Schlemmerschüssel zufrieden anschaut und sich das Maul leckt.

Der große Schauspieler und bekennende Hundefreund Heinz Rühmann hat einmal auf die Frage, ob man auch ohne Hund leben könne, geantwortet: „Ja – aber es lohnt sich nicht." Ihm und all meinen vierbeinigen Freunden widme ich dieses Buch.

**Ingeborg Pils**

# LECKERES
# FÜR
# SCHLECKERMÄULER

# Pippos Pastateller

150 g Lammfleisch
1 kleine Knoblauchzehe
1 EL Olivenöl
1 Karotte
100 g Champignons
100 g TK-Erbsen
100 g feine Suppennudeln
1 EL geriebener Emmentaler

Lammfleisch in ganz kleine Würfel schneiden. Knoblauch schälen und fein hacken. Fleisch und Knoblauch in Olivenöl anbraten. Karotte schälen und zum Fleisch raspeln. 125 ml Wasser angießen und alles 15 Minuten köcheln lassen.

Inzwischen die Champignons putzen und hacken. Mit den aufgetauten Erbsen zum Fleisch geben und weitere 5 Minuten köcheln.

Nudeln in kochendem Wasser ohne Salz bissfest garen. Abseihen und mit der Lamm-Gemüsemischung vermengen. Abkühlen lassen, mit dem Käse bestreuen und portionsweise füttern.

# Frühlingsgemüsenapf

100 g junge Bundkarotten
100 g Spargel
100 g Blumenkohlröschen
100 g Frühlingszwiebeln
1 Knoblauchzehe
1 EL Pflanzenöl
300 ml salzfreie Gemüsebrühe
150 g Haferflocken
1 EL gehackte Frühlingskräuter

Das Gemüse putzen und klein schneiden. Frühlingszwiebeln und Knoblauch fein hacken. Alles im heißen Öl andünsten, mit der Gemüsebrühe aufgießen und zugedeckt bei mittlerer Hitze 10 Minuten köcheln lassen. Dann die Haferflocken zufügen und einige Minuten mitkochen. Vom Herd nehmen und abkühlen lassen. Die Frühlingskräuter unterziehen.

Portionsweise lauwarm oder kalt füttern.

# Fisch nach Fiffis Art

200 g TK-Fischfilet
1 Tasse Milchreis
1 Stange Lauch
2 Tomaten
1 hart gekochtes Ei
1 EL Olivenöl
einige Basilikumblätter

Fischfilet auftauen lassen. Milchreis mit 2 Tassen Wasser kochen, bis er fast breiig geworden ist. Dann vom Herd nehmen.

Lauch putzen, der Länge nach halbieren, waschen und in sehr feine Streifen schneiden. Tomaten vierteln und in kleine Würfel schneiden. Das Ei schälen und fein hacken.

Den Fisch im heißen Olivenöl auf beiden Seiten anbraten. Lauch und Tomaten dazugeben und 5 Minuten mitschmoren. Vom Herd nehmen und den Fisch mit einer Gabel zerkleinern. Den Milchreis und das gehackte Ei unterziehen. Basilikumblätter in schmale Streifen schneiden und vor dem Füttern über das Fressen geben. Portionsweise füttern.

**„Gib dem Menschen einen Hund, und seine Seele wird gesund.“**

*Hildegard von Bingen*

# Bellas Lieblingstopf

2 Zwiebeln
4 Karotten
2 EL Butter
200 g Rinderhackfleisch
2 EL Tomatenmark
500 ml salzfreie Gemüsebrühe
150 g Mais aus der Dose

Zwiebeln und Karotten schälen und in kleine Würfel schneiden. Butter erhitzen und die Zwiebeln darin glasig dünsten. Rinderhackfleisch zufügen und krümelig braten. Tomatenmark unterrühren, Karottenwürfel dazugeben und die Gemüsebrühe angießen. 20 Minuten köcheln lassen.

Mais unterziehen, einmal aufkochen lassen und vom Herd nehmen. Abkühlen lassen und portionsweise füttern.

# Hühnchenpfanne

1 Zucchini
2 Karotten
2 Knoblauchzehen
4 Kartoffeln
250 g Hühnerfleisch
1 Apfel
1 EL Öl
1 EL fein gehackte Petersilie

Zucchini und Karotten in kleine Würfel schneiden. Knoblauch schälen und fein hacken. Kartoffeln schälen und würfeln. Alles mit 300 ml Wasser aufkochen und bei mittlerer Hitze 20 Minuten köcheln lassen. Dann mit dem Stabmixer grob pürieren.

Das Hühnerfleisch und den Apfel in kleine Würfel schneiden und im Öl leicht anbraten. 10 Minuten bei kleiner Hitze garen. Dann unter das Gemüsepüree mischen und die Petersilie unterrühren. Portionsweise lauwarm oder kalt füttern.

# SCHMECKT DACKEL WIE DOGGE

# Bonnys Lieblingspfannkuchen

**Für die Pfannkuchen:**
120 g Weizenvollkornmehl
2 Eier
250 ml Magermilch
1 EL fein gehackte frische Kräuter
Pflanzenöl, zum Ausbacken

**Für die Füllung:**
150 g Hüttenkäse
1 hart gekochtes Ei
1 pürierte Banane
150 g gekochter Reis

Mehl, Eier und Milch zu einem Pfannkuchenteig verrühren und 20 Minuten quellen lassen. Dann die gehackten Kräuter unterrühren.

Aus dem Teig in einer beschichteten Pfanne mit wenig Fett nacheinander 8 Pfannkuchen bei mittlerer Hitze backen. Pfannkuchen auskühlen lassen.

Für die Füllung den Hüttenkäse mit dem gehackten hart gekochten Ei, der Banane und dem Reis vermischen. Füllung auf die Pfannkuchen verteilen und die Pfannkuchen aufrollen. Zum Füttern in Stücke schneiden.

Die Pfannkuchen kann man einzeln in Gefrierbeutel geben, einfrieren und stückweise auftauen.

# Rindfleischkrusten

500 g mageres Rindfleisch

Das Fleisch in etwa 1 x 1 cm große Würfel schneiden. Ein Backblech mit Backpapier auslegen und die Fleischwürfel dicht nebeneinander darauflegen. In den kalten Backofen schieben und den Ofen auf 150 °C erhitzen. Fleisch 1 Stunde im Ofen garen.

Die Backofentemperatur auf 100 °C reduzieren und einen Kochlöffel zwischen Backofen und Backofentür klemmen, damit die Feuchtigkeit abziehen kann. Fleischwürfel weitere 2 Stunden im Ofen trocknen lassen.

Rindfleischkrusten über Nacht bei Zimmertemperatur trocknen lassen.

In einer luftdicht schließenden Dose können die Krusten bis zu 1 Jahr aufgehoben werden – falls Ihr Hund damit einverstanden ist.

# Defor's Delight

200 g Rindfleisch
1 Zwiebel
1 Knoblauchzehe
200 g Knollensellerie
1 Stange Lauch
2 Karotten
2 EL Olivenöl
250 ml salzfreie Hühnerbrühe
200 g Fischfilet
200 g gekochter Reis

Rindfleisch in kleine Würfel schneiden. Zwiebel und Knoblauch schälen und hacken. Knollensellerie, Lauch und Karotten putzen und klein schneiden. Öl erhitzen und das Fleisch darin anbraten. Zwiebel, Knoblauch, Sellerie, Lauch und Möhren zufügen und glasig dünsten. Hühnerbrühe angießen, zum Kochen bringen und 25 Minuten köcheln lassen.

Fischfilet in kleine Würfel schneiden und mit dem Reis zum Fleisch-Gemüse-Topf geben. Einmal aufkochen lassen und 5 Minuten bei mittlerer Hitze köcheln. Dann vom Herd nehmen und abkühlen lassen. Portionsweise füttern.

# Ronjas Spaghettitopf

250 g Hackfleisch
2 EL feine Haferflocken
1 Ei
1 kleine Zwiebel
1 Zucchini
1/2 Bund Oregano
Pflanzenfett, zum Braten
150 g gekochte Spaghetti
100 ml Bio-Tomatensaft

Das Hackfleisch mit den Haferflocken und dem Ei vermischen. Zwiebel schälen und fein hacken. Zucchini fein raspeln. Oreganoblättchen von den Stielen streifen und mit den Zucchini unter das Fleisch kneten. Aus dem Teig kleine Bällchen formen und in wenig Öl langsam gar braten.

Spaghetti klein schneiden und mit dem Tomatensaft vermischen. Hackfleischbällchen zugeben.

Portionsweise füttern.

# Bananenchips

370 g Weizenvollkornmehl
100 ml Magermilch
1 Ei
1 pürierte Banane
1 EL Zuckersirup

Alle Zutaten zu einem Teig verkneten. Teig auf einer bemehlten Arbeitsfläche etwa 1 cm dick ausrollen und in kleine Quadrate schneiden. Den Backofen auf 150 °C vorheizen.

Ein Backblech mit Backpapier auslegen und die Kekse daraufsetzen.
Im heißen Ofen etwa 30 Minuten backen.

# Gemüsecracker

1 Zucchini
1 Karotte
2 Eier
1 EL Sonnenblumenöl
150 g Weizenvollkornmehl
1–2 EL Milch

Zucchini und Karotte sehr fein raspeln. Mit den Eiern und dem Sonnenblumenöl verrühren. Das Mehl unterkneten und so viel Milch zugeben, bis ein gut formbarer Teig entsteht.

Den Backofen auf 175 °C vorheizen.

Ein Backblech mit Backpapier auslegen. Aus dem Teig mit einem Teelöffel kleine Bällchen abstechen und auf das Backblech setzen. Im heißen Ofen 20–25 Minuten backen. Dann den Ofen ausschalten und die Cracker im Ofen nachtrocknen lassen.

# FÜR GROSSE FREUNDE

# Jannas Schlemmerschüssel

300 g Lammfleisch
2 EL Olivenöl
200 ml salzfreie Hühnerbrühe
2 Zweige Rosmarin
1 Lorbeerblatt
200 g Mangold
100 g Bohnensprossen
2 Fleischtomaten
300 g gekochter Reis
1 hart gekochtes Ei

Lammfleisch würfeln und im heißen Olivenöl sanft anbraten. Mit der Hühnerbrühe ablöschen, Rosmarin und Lorbeerblatt einlegen und 25 Minuten köcheln lassen. Dann die Kräuter entfernen.

Mangold und Sprossen grob hacken. Tomaten in kleine Stücke schneiden. Das Gemüse und den Reis zum Lammfleisch geben und 5 Minuten mitkochen. Vom Herd nehmen und auskühlen lassen.

Das Ei schälen und grob hacken. Schlemmerschüssel portionsweise füttern, davor mit dem gehackten Ei bestreuen.

# Gemüse-Kartoffel-Pizza für Nelly

200 g Kartoffelknödelteig
Öl, zum Einfetten
2 Tomaten
100 g Champignons
50 g Erbsen
1 Dose Thunfisch in eigenem Saft
100 g Mozzarella
1 kleine Zwiebel

Den Backofen auf 220 °C erhitzen.

Den Kartoffelknödelteig in eine gefettete Pizzaform drücken, den Rand hochziehen. Tomaten und Champignons in Scheiben schneiden und auf den Teig legen. Erbsen und Thunfisch darübergeben. Mozzarella in kleine Würfel, die geschälte Zwiebel in Ringe schneiden und auf der Pizza verteilen.

Im heißen Ofen etwa 30 Minuten backen. Abkühlen lassen und in schnauzengerechte Stücke zerteilen. Portionsweise füttern.

# Powernapf Tiffany

1 Suppenhuhn
1 EL salzfreie Bio-Gemüsebrühe
1/2 Sellerieknolle
je 1 gelbe und grüne Paprika
500 g Wirsing
1 kleine Dose Kidneybohnen
100 g kernige Haferflocken
150 g Tofu

Suppenhuhn in vier Stücke zerteilen. In einen Topf geben, mit Wasser bedecken, die Gemüsebrühe zufügen. 1 Stunde köcheln lassen. Dann das Huhn aus der Brühe nehmen, entbeinen und enthäuten und das Fleisch in schnauzengerechte Stücke schneiden.

Sellerieknolle und Paprika putzen und in Würfel schneiden. Wirsing in schmale Streifen schneiden. In den Topf mit der Brühe geben und 20 Minuten garen.

Die abgetropften Kidneybohnen, Haferflocken und den in Würfel geschnittenen Tofu untermischen und einige Minuten mitkochen. Vom Herd nehmen und auskühlen lassen. Portionsweise lauwarm oder kalt füttern.

**„Mit einem kurzen Schweifwedeln kann ein Hund mehr Gefühle ausdrücken als mancher Mensch mit stundenlangem Gerede.“**

*Louis Armstrong*

# Lorbas Festmahl

500 g Rinderherz
1 rote Zwiebel
2 Knoblauchzehen
250 g Kartoffeln
250 g Karotten
250 g Chinakohl
100 g Blattspinat

Rinderherz in kleine Würfel schneiden. Zwiebel, Knoblauch und Kartoffeln schälen und ebenfalls in Würfel schneiden. Die Karotten grob raspeln. Alles mit 1 Liter Wasser zu Kochen bringen und 20 Minuten köcheln lassen.

Chinakohl und Spinat in schmale Streifen schneiden und unter das Gericht mischen. Weitere 10 Minuten kochen. Dann vom Herd nehmen und abkühlen lassen. Portionsweise füttern.

# DER KLASSIKER: HUNDEKUCHEN

450 g Weizenvollkornmehl
170 g Haferflocken
30 g Schweineschmalz
1 EL Distelöl
40 g geriebener Parmesan
400 ml salzfreie Hühnerbrühe
5 Knoblauchzehen
3 Karotten

Mehl, Haferflocken, Schweineschmalz, Öl und Parmesan gut vermischen. Die Hühnerbrühe zugeben und alles zu einem Teig verkneten.

Den Backofen auf 160 °C vorheizen.

Knoblauch schälen und fein hacken. Karotten fein raspeln. Alles unter den Teig kneten. Teig auf einer bemehlten Arbeitsfläche etwa 5 mm dick ausrollen. Mit einem scharfen Messer in Rauten, Dreiecke oder Quadrate schneiden.

Ein Backblech mit Backpapier auslegen und die Hundekuchen daraufsetzen. Im heißen Ofen 40–50 Minuten backen. Dann den Backofen ausschalten und die Hundekuchen im Ofen aushärten lassen.

# SÜSSES HUNDELEBEN

# Geburtstagstorte

500 g mehlig kochende Kartoffeln
1 Zwiebel
3 EL Olivenöl
500 g Rinderhackfleisch
100 g Rosinen
3 hart gekochte Eier
1 Bund fein gehackte Petersilie
3 Eier
2 EL Milch
1 TL Backpulver
2 EL Roggenmehl
1 EL Zuckersirup
3 EL zimmerwarme Butter
Öl, zum Einfetten
4 EL geriebener Emmentaler

Kartoffeln am Vortag kochen, schälen und noch warm durch eine Kartoffelpresse drücken. Kühl aufbewahren.

Zwiebel schälen und fein hacken. Im heißen Olivenöl mit dem Hackfleisch braten, bis das Fleisch krümelig ist. Rosinen, die geschälten und gehackten harten Eier und die Petersilie untermischen und vom Herd nehmen.

Die durchgedrückten Kartoffeln mit den Eiern, Milch, Backpulver, Roggenmehl, Zuckersirup und Butter verrühren.

Den Backofen auf 220 °C vorheizen.

Eine Springform einfetten. Die Hälfte des Kartoffelteigs hineinfüllen, Hackfleischmasse darauf verteilen. Mit dem restlichen Kartoffelteig bestreichen und mit dem Käse bestreuen. Torte im heißen Ofen ca. 40 Minuten backen.

Auf ein Kuchengitter stürzen, auskühlen lassen und in Stücke schneiden.

# Gustls Gäste-Snacks

300 g Wurstbrät
300 g Semmelbrösel
1 EL Zuckersirup
75 ml Milch
1 EL gehackte Oreganoblättchen
Öl, zum Einfetten
Mehl, zum Bestreuen

Alle Zutaten zu einem weichen Teig verkneten. Sollte er zu klebrig sein, noch mehr Semmelbrösel einarbeiten. Teig zu einer Kugel formen, in Frischhaltefolie wickeln und im Kühlschrank 30 Minuten ruhen lassen.

Den Backofen auf 175 °C vorheizen.

6 Tartelletteförmchen einfetten. Teig auf einer bemehlten Arbeitsfläche ca. 1/2 cm dick ausrollen, Kreise ausschneiden und in die Tartelletteförmchen legen. Im heißen Backofen in ca. 30 Minuten goldgelb backen. Dann auf ein Kuchengitter stürzen und auskühlen lassen.

# Festtagsknochen

1 Tasse Roggenmehl
1 Tasse Weizenvollkornmehl
1 Tasse Weizenkleie
1 Tasse feine Haferflocken
1 Tasse Milch
1 EL Rapsöl
1/2 Päckchen Trockenhefe
2 EL Seealgenpulver
Mehl, zum Bestreuen
Leberwurst und Hüttenkäse, zum Füllen

Alle Zutaten bis auf die Leberwurst, den Hüttenkäse und das Mehl für die Arbeitsfläche in der Küchemaschine zu einem festen Teig verkneten. Eventuell noch etwas Wasser zufügen. Teig zu einer Kugel formen und zugedeckt an einem warmen Ort zu doppeltem Volumen aufgehen lassen.

Teig nochmals kräftig durchkneten und in vier Portionen teilen. Jede Teigportion auf einer bemehlten Arbeitsfläche zu einer Rolle formen, die Enden in Knochenform modellieren. Die Knochen sollten in etwa die gleiche Form und Größe haben. Ein Backblech mit Backpapier auslegen, die Knochen mit etwas Abstand daraufsetzen, mit einem Küchentuch abdecken und nochmals 1 Stunde gehen lassen.

Den Backofen auf 220 °C vorheizen.

Knochen im heißen Backofen 20 Minuten backen. Die Temperatur auf 160 °C reduzieren und die Knochen weitere 45 Minuten backen.
Dann aus dem Ofen nehmen und etwas abkühlen lassen.

Die noch heißen Knochen der Länge nach halbieren und mit einem Löffel aushöhlen. Auf die ausgehöhlte Seite legen und mit einem Brett beschweren, damit sich die Knochen beim Erkalten nicht verformen

Zum Verfüttern je zwei Hälften mit Leberwurst oder Hüttenkäse füllen und fest aufeinanderdrücken.

# Honig-Hundekuchen

150 g Weizenvollkornmehl
150 g feine Haferflocken
2 TL Backpulver
30 g zimmerwarme Butter
2 EL Honig
2 Eier
100 ml Milch
Mehl, zum Bestreuen

Mehl, Haferflocken und Backpulver gut vermischen. Die Butter in kleinen Flöckchen sowie Honig, Eier und Milch zufügen und alles gründlich verkneten. Teig in Frischhaltefolie wickeln und 30 Minuten im Kühlschrank ruhen lassen.

Den Backofen auf 200 °C vorheizen. Ein Backblech mit Backpapier auslegen.

Teig auf einer bemehlten Arbeitsfläche ca. 1 cm dick ausrollen und runde Kekse ausstechen. Mit etwas Abstand auf das Backblech setzen und im heißen Ofen 15–20 Minuten backen. Im abgeschalteten Backofen 2 Stunden nachtrocknen lassen.

# HÄLT FIT UND GESUND

# FRISCHE BRISE

150 g grober Instant-Maisgrieß (Polentagrieß)
1 EL Maiskeimöl
125 ml salzfreie Hühnerbrühe
1 Ei
1 EL geriebener Parmesan
2 EL fein gehackte frische Minze

Maisgrieß mit dem Öl in einer Schüssel vermischen. Die Hühnerbrühe zum Kochen bringen, den Maisgrieß einrühren und einige Minuten unter Rühren quellen lassen. Vom Herd nehmen und erkalten lassen.

Den Backofen auf 175 °C vorheizen. Ein Backblech mit Backpapier auslegen.

Die übrigen Zutaten unter den Maisgrieß kneten. Aus dem Teig mit nassen Händen walnussgroße Kugeln formen, auf das Blech setzen. Im heißen Ofen etwa 40 Minuten backen. Dann im abgeschalteten Ofen noch 1 Stunde nachtrocknen lassen.

# Für glänzendes Fell

1 Apfel
1 Banane
2 Karotten
2 Knoblauchzehen
100 ml salzfreie Hühnerbrühe
100 g Vollkornhaferflocken
1 EL Diät-Margarine
1 EL Lecithin-Granulat
1 hart gekochtes Ei
1 EL fein gehackte Kräuter

Apfel, Banane, Karotten, Knoblauch und Hühnerbrühe im Mixer pürieren. Dann mit Haferflocken, Margarine und Lecithin-Granulat gut vermischen.

Das Ei schälen und grob hacken. Futter portionsweise in den Napf geben, mit Ei und Kräutern bestreuen.

# FÜR DIE SCHLANKE LINIE

200 g mageres Rind- oder Pferdefleisch
2 EL Distelöl
300 g Stangensellerie
300 g frische Bohnensprossen
200 g gekochte Getreidekleie
100 g Magerjoghurt
1 TL Vitamin-Mineralstoff-Mischung

Das Fleisch in kleine Stücke schneiden und in einer beschichteten Pfanne im Öl sanft anbraten. Sellerie in feine Streifen schneiden und zum Fleisch geben. Etwas Wasser angießen und 15 Minuten köcheln lassen. Dann vom Herd nehmen und etwas abkühlen lassen.

Die Sprossen grob hacken. Getreidekleie und Sprossen unter das Fleisch mischen. Portionsweise in den Futternapf füllen. Magerjoghurt mit der Vitamin-Mineralstoff-Mischung verrühren und über das Futter geben.

# Biskuits für schöne Zähne

150 g Weizenvollkornmehl Type 1050
150 g Weizenmehl Type 550
100 g Vollkornhaferflocken
30 g Schweineschmalz
2 EL Rapsöl
3 EL fettarmes Milchpulver
200 ml salzfreie Hühnerbrühe
Mehl, zum Bestreuen
geschälte Sonnenblumenkerne, zum Wenden

Mehl, Haferflocken, Schweineschmalz, Rapsöl und Milchpulver gut vermischen. Hühnerbrühe zugeben und alles zu einem gut formbaren Teig verkneten. Eventuell noch etwas Wasser zufügen.

Den Backofen auf 200 °C vorheizen.

Jeweils 1 Esslöffel Teig abstechen und auf einer bemehlten Arbeitsfläche zu einer dicken Rolle formen. In den Sonnenblumenkernen wenden.

Ein Backblech mit Backpapier auslegen und die Hundebiskuits daraufsetzen. Im heißen Ofen 40–50 Minuten backen. Dann den Backofen ausschalten und die Hundekuchen im Ofen einige Stunden aushärten lassen.

# Knackiges gegen Blähungen

250 g glutenfreies Mehl (Reformhaus)
1 Ei
3 EL Olivenöl
125 ml fettarme Milch
je 1 EL fein gehackte Minze und Petersilie

Aus Mehl, Ei, Olivenöl und Milch einen nicht zu festen Teig anrühren, eventuell noch etwas Wasser oder Mehl zufügen. Zum Schluss die gehackten Kräuter untermischen.

Den Backofen auf 175 °C vorheizen. Ein Backblech mit Backpapier auslegen.

Teig portionsweise in einen Spritzbeutel mit Sterntülle füllen und verschiedene Formen auf das Blech spritzen. Im heißen Ofen 15-20 Minuten backen. Den Ofen ausschalten und die Kekse noch 1 Stunde im Ofen nachtrocknen lassen.

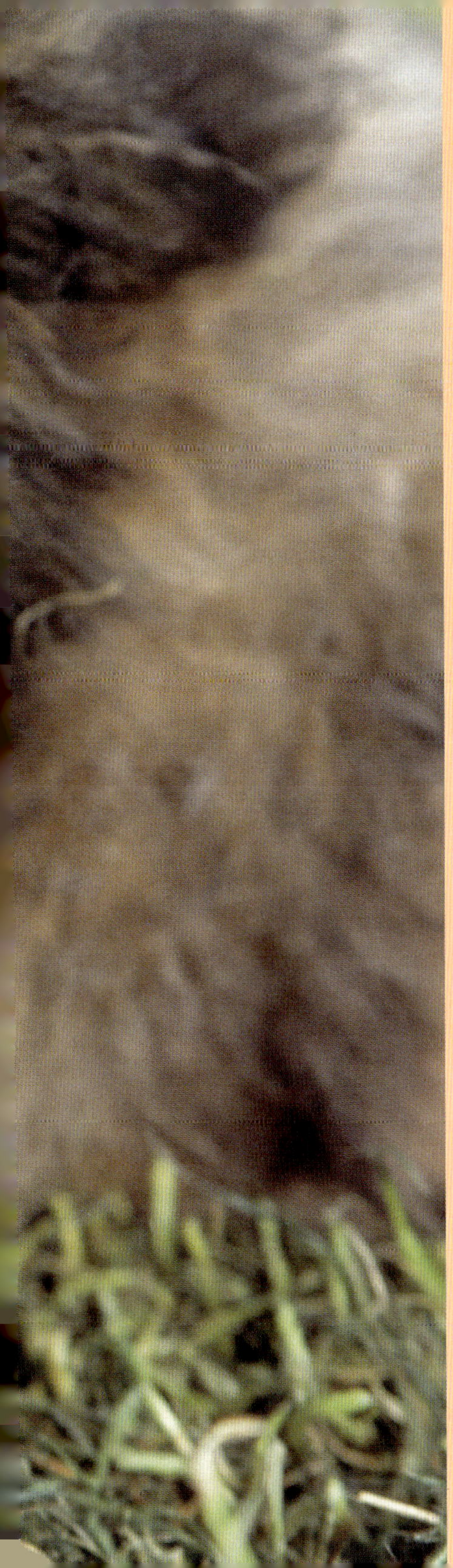

BRINGT KRANKE HUNDE
WIEDER AUF DIE PFOTEN

# Kräftiger Kartoffelbrei

300 g Putenbrust
1 kg Kartoffeln
100 g Hüttenkäse

Die Putenbrust in 500 ml Wasser 20 Minuten garen. Aus der Brühe heben, abkühlen lassen und klein schneiden.

Kartoffeln in ungesalzenem Wasser weich kochen. Abschütten, schälen und mit etwas Putenbrustbrühe zu einem Brei aufmixen. Fleisch und Hüttenkäse untermischen. Über den Tag verteilt in vielen kleinen zimmerwarmen Portionen füttern.

## Zur Rekonvaleszenz:

# Haferbrei-Geflügel-Napf

1 Suppenhuhn
1 Bund Suppengrün
150 g feine Haferflocken

Das Suppenhuhn mit dem Suppengrün in 2 Liter Wasser ca. 1,5 Stunden kochen. Dann aus der Brühe heben und etwas abkühlen lassen. Brühe abseihen und entfetten. Hühnerfleisch von den Knochen lösen, die Haut entfernen und das Fleisch klein schneiden.

Haferflocken in 1 Liter Hühnerbrühe einrühren und zum Kochen bringen. Unter Rühren 2 Minuten ausquellen lassen, dann vom Herd nehmen und abkühlen lassen.

Haferschleim und Hühnerfleisch im Verhältnis 2:1 (2 Drittel Haferschleim und 1 Drittel Fleisch) mischen und über den Tag verteilt in vielen kleinen zimmerwarmen Portionen füttern.

## Hilft Magen und Darm:

# Milchreisschüssel

200 g Milchreis
750 ml salzfreie Hühnerbrühe
100 g Hüttenkäse oder Magerquark
1 Apfel

Den Milchreis in der Hühnerbrühe weich kochen. Dann vom Herd nehmen und auskühlen lassen.

Hüttenkäse oder Magerquark unter den Reis rühren. Den Apfel ungeschält fein reiben und in den Reisbrei rühren.

Über den Tag verteilt mehrmals in kleinen zimmerwarmen Portionen füttern.

### Hilft bei Verstopfung:

# Hundekekse mit Mandelkleie

2 Karotten
1 Bund Petersilie
60 ml Olivenöl
450 g Weizenvollkornmehl
2 EL Mandelkleie
Mehl, zum Bestreuen

Karotten würfeln, Petersilie grob hacken. Mit dem Öl im Mixer pürieren. Das Püree mit Mehl und Kleie zu einem festen Teig verkneten. Sollte er zu trocken sein, etwas Wasser einarbeiten. Teig zu einer Kugel formen, in Frischhaltefolie wickeln und im Kühlschrank 30 Minuten ruhen lassen.

Den Backofen auf 160 °C vorheizen. Ein Backblech mit Backpapier auslegen.

Teig auf einer bemehlten Arbeitsfläche etwa 5 mm dick ausrollen, Formen ausstechen und auf das Blech setzen. Im heißen Ofen ca. 30 Minuten backen. Dann auf ein Kuchengitter stürzen und auskühlen lassen.

### Hauptmahlzeiten



### Fitness- und Schonkost



### Kekse & Co.